Sabah ile Nur

Anlamlı Sözler ve Şiirler

AF001904

s.hukr tarafından yazılmıştır

Sabah ile Nur

Selâmün aleyküm

İnşallah bu sözlerin ardından huzuru, bilgiyi ve sevgiyi bulursun. İnşallah bu kitap sana kendini sevmeyi, kendini geliştirmeyi ve daha iyi bir Müslüman olmayı nasip eder.

Allah (c.c) seni en hayırlı olan yöne iletsin ve bu dünyayı ve dinini sana kolay kılsın.

Anlamadığın bir kelime var ise,
kolayca Google.tr den bakabilirsin.

Misal: ,,[kelime] nin anlamı"

fajrnoor.com.au

Sabah ile Nur

Yalan söylersen, korkaksın.

Eğer sorumsuz bir adamsan, hala bir Çocuksundur.

Para seni mutlu edicek sanıyorsan, aptalsındır.

Ölümden korkuyorsan, Yaradanını görmeye hazır değilsindir.

s.hukr

Sabah ile Nur

Ölüm seni hatırladı ama sen ölümü hatırlıyormusun?

s.hukr

Sabah ile Nur

Günde beş defa namaz kılmak „en iyisi" degildir, temelidir, farzdır, huzurdur.

Bunun sorumlusu sensin ve bundan da sorulacaksın.

s.hukr

Sabah ile Nur

Biz melek değiliz, ama doğru yolda ilerlersek, o zaman onlardan daha üstün oluruz.

s.hukr

Sabah ile Nur

Allah o kadar merhametli ki senin yaptığın planlarını bozar, ki onlar seni bozmasın.

s.hukr

Sabah ile Nur

Hergün Kur'an-ı Kerim ile bir ilişki kurun. Okuyun, ezberleyin, anlamaya çalışın, söyleyin ve her bir kelimeyi öğrenin.

Birkaç sıra, bir cüz veya tefsir olsa bile.

Asla yaradanınızın sözleri ile bir bağ kurmadan uyumayın.

s.hukr

Sabah ile Nur

Şükür, fakire baktığında olur, zengine baktığında değil.

s.hukr

Sabah ile Nur

Biz coğu zaman Arkadaşlarmızı veya Ailemizi etkilemeye çalışıyoruz, lüks markalar ile Gucci, LV veya Rolex gibi fakat ne zaman Yaradanınızı Sadaka ve Yardım ile etkilemeye çalışacaksınız?

s.hukr

Sabah ile Nur

Bereketin kalitesi şükürdedir. Ne kadar şükretsek, o kadar nimetler artar.

s.hukr

Sabah ile Nur

Gerçekten İslamı sevince, sen kendini Sünnet ile süslemeye başlar, Peygamber Efendimize hayran kalır ve yaradanını tanımaya can atarsın.

s.hukr

Sabah ile Nur

İslamda bir kadın, bir Kraliçe gibi el üstünde tutulur, daha azı değil.

s.hukr

Sabah ile Nur

Maddiyat, para, kadınlar ve şeytanın
vesvesesi senin olabilir.

Ama Allahtan benim istediğim şey,
Eşime, bu dünyadan gitmeden önce,
gerçek ve iyi bir gaye bırakmak.

s.hukr

Sabah ile Nur

Beynin ona anlattığın herşeyi inanır.

Onu İmanla, gerçek ile ve İslam aşkı ile besle.

s.hukr

Sabah ile Nur

Benim bu dünyaya olan sevgim geçici.
Ama sana olan sevgim sonsuz, senin
bana olduğun gibi.

s.hukr

Sabah ile Nur

Bu helal-haram biriminin normalleştirilmesi doğru değil. Sen hem Allahın hemde Şeytanın elinden, aynı anda tutamaszsın.

s.hukr

Sabah ile Nur

Filtreler ve Makyaj seni resim güzelli yapar,
ama ben senin kusurlarına aşık olmak
istiyorum.

s.hukr

Sabah ile Nur

Melekler kusursuz ve hatasızdırlar, ama Allah onları yinede insanoğlundan daha yüksek kılmamıştır.

Bunun nedenini hiç düşündünmü?

s.hukr

Sabah ile Nur

Önemli kararlar almak istediğinizde, ilk önce Allahtan yol göstermesini isteğin, çünkü o en iyi ve hayırlı olanı bilendir.

s.hukr

Sabah ile Nur

Sabah Namazı:

Bütün dünya uyuduğunda, bi tek

Aşıklar, hikayelerini Allaha anlatırlar.

s.hukr

Sabah ile Nur

Demekki olmuyacaktı,

Hiç birşeyi kaybetmedin.

Allahın başka planları var senin için.

s.hukr

Sabah ile Nur

Bu dünya sıkıcı gelmeye başlıyor,
Cennet'i okuduğumda.

s.hukr

Sabah ile Nur

Geceyi gündüze çeviren Allah, nasıl olurda senin zorluklarını sevince dönüştüremez diye düşünürsün?

s.hukr

Sabah ile Nur

Bu dünyada olan bütün güzellikleri elde etmeye calışıyorsun, ama unutuyorsunki, ruhunun ne durumda, mezarın altında, **imanın** hakkında sorguya sokulacağını.

s.hukr

Sabah ile Nur

Bir erkek sana namazda imamlık edemiyorsa,

nasıl sana hayatında rehberlik yapsın?

s.hukr

Sabah ile Nur

Anne ve kız kardeşlerine iyi davranan erkeklerden, en iyi eş olur.

s.hukr

Sabah ile Nur

Duanın cevabı asla geç değildir.

Hep tam zamanında kabul olur.

s.hukr

Sabah ile Nur

İnsansız bir Allah herzaman bir Allahtır, fakat Allahsız bir insan, bir hiçtir.

s.hukr

Sabah ile Nur

Örtü ile görünürüm

ama onsuz gözükmem.

s.hukr

Sabah ile Nur

Kalbim her gün pislenebilir,

ama her akşam tövbe ederim.

s.hukr

Sabah ile Nur

Ben İnsanım, aciz ve güçsüzüm.

Mükemmel ötesiyim.

Hata yaparım.

Ama Allah ile bağımı sıkı tutarsam,

menzilimiz Cennet olucak inşallah.

s.hukr

Sabah ile Nur

Allah varken kendini nasıl yalnız
hissedebilirsin?

s.hukr

Sabah ile Nur

Pişmanlık seni içten içe yer,

kendine zulüm edersin.

Kendini affet,

kendine zarar vermeden önce.

s.hukr

Sabah ile Nur

Allah ile bağını sıkı tutamıyorsa,
senin ile nasıl bir ilişki sürdürsün?

s.hukr

Sabah ile Nur

Anne babanıza iyi davranın, sevgi ve saygı dolu.

Çocuklarınız bunu görüp, öğrenip ve büyüdüklerinde aynı şekilde, size böyle davranıcaklardır.

s.hukr

Sabah ile Nur

Cennete girmek istemeyenlere.

Onlar uyusun, bir tek Allah onlara yardımcı olabilir. Dualarınızda onları unutmayın.

s.hukr

Sabah ile Nur

Bu dünyada yürüyen her bir insanın Cennete girme potansyeli vardır.

Bazıları hiç denemez.

s.hukr

Sabah ile Nur

Bazıları beni sever.

Bazıları beni sevmez.

Kimin umrunda?

Allah benimle.

s.hukr

Sabah ile Nur

Mücevherler hep gizlidirler,

onlar saf, paha biçilmez

ve güzeldirler.

Sen bu mücevhersin.

s.hukr

Sabah ile Nur

Herkese saygılı ve hasasiyet ile davran, hangi ırk, din, kültür veya çins de olsa.

Hepimiz insanız günün sonunda.

s.hukr

Sabah ile Nur

Gözlerin var ama körsün.

Kalbin ile görmeyi öğren.

s.hukr

Sabah ile Nur

Sıkıntı etme ne tarafa gideceğini sağa mı, sola mı, yukarı mı, aşağa mı? Sen devam et,

En iyisini yapmaya calış.

Günün sonunda

Allahtan rehberlik ve yol göstermesini iste

ve devam yürü.

s.hukr

Sabah ile Nur

Dinimiz bize öğretiyor ki

başkaları hakkında iyi düşünmeyi,

ama biz hala göz açıp kapanana dek başkalarını yargılıyabiliyoruz.

Bunu neden yapıyoruz?

s.hukr

Sabah ile Nur

Problemelerimizin çözümleri bize **1400 sene önce** sunulmuş, fakat bizim kültürlerimiz bu çözümü raflarda toz toplamaya bırakmış, anlayıp hayatımıza uygulamamız gerektigimiz halde.

s.hukr

Sabah ile Nur

Hatadan nefret et,

ama hatayı yapan kişiden değil.

Konuşmayi kritize et ama konuşana saygılı davran. Hastalığı öldür, ama hasta olanı değil.

s.hukr

Sabah ile Nur

Herkes kral ve kraliçe olmak isterken,

kralların kralı seni bekliyor.

s.hukr

Sabah ile Nur

Erkekleri çöpe benzeten kadınlar,
çöpe eşittirler.

s.hukr

Sabah ile Nur

Ne kadar aptalsın ki namazlarını bu üç günlük dünya için bırakıyorsun?

Kalk, kendine bu kötülüğü yapmana dayanamam.

Kalk, abdest al, seni bekliyorum…

s.hukr

Sabah ile Nur

Benim gelecekteki eşim, orda bi yerde yalnız başına sabah namazını kılıyordur ve yalnız başına yaşıyacağını düşünüyordur.

Özür dilerim ama, Allah bizi çift yarattı.

s.hukr

Sabah ile Nur

Mütevazi olmak çok çekici.

En sevdiğim insan, çok yapan ama bunu hiç dile getirmeyen.

Onlar çok konuşmaz ve rahatdırlar, hal ve hareketleri ile gösterirler. En sevdiğim insan tipidirler.

s.hukr

Sabah ile Nur

Ben ne sağdayım ne solda.

Ben ortadayım, ve **İslami** takip ediyorum,

ve bu yolda dosdogru yürümeye calışıyorum.

s.hukr

Sabah ile Nur

Benim gelecekteki eşim düşünüyordur ki, finansiyel iyi durumda olan bir kral ile evlenecektir diye.

Özürdilerim sevgilim, işten kovuldum, bana çok kızma.

s.hukr

Sabah ile Nur

Bazıları için **İslam** sadece **kural ve yasaklardır**, helal ve haram.

Ama anlayanlara, mükemmel bir hayat vizyonu, Cennete varan bir düz yol.

s.hukr

Sabah ile Nur

Gerçek problem dinimiz değil.

Asıl problem bilinçsizlik veya hayatımıza ögrendiğimiz şeyleri adapte edemememiz.

s.hukr

Sabah ile Nur

Bütün problemlerin ve aşırı düşünmenin bitiş anı, gününü sabah namazı ile başlayıp yatsı namazı ile bitirmenle son bulur.

s.hukr

Sabah ile Nur

Erkek ve kadınları görüyorum, birbirileriyle yarışıyorlar. Ne kadar aptallaştınız, siz aynı değilsiniz.

Aslında siz birbirinizi **tamamlamak** için yaratıldınız.

s.hukr

Sabah ile Nur

Müslüman Çocuklar sakallarının birleşmesini istiyor fakat namaz kılmıyorlar.

Bro sen yanlış baglantı hakkında üzülüyorsun.

Müslüman kızları makyajları var diye abdest almadıklari için, namazlarını kaçırıyorlar.

Bacım sen yanlış temel için üzülüyorsun.

s.hukr

Sabah ile Nur

Kadın ve erkekler arasındaki bağ, o toplumun kumaşı gibidir.

Bu bağın hali ve koşulu direkt olarak o toplum ilişkisini etki eder.

s.hukr

Sabah ile Nur

Seni Allahtan fazla seven, kör olur.

s.hukr

Sabah ile Nur

Her gün bir Müslüman olmak
için aktif çaba göster.

s.hukr

Sabah ile Nur

Erkekler bana hayran kalıyor ve kadınlar benle beraber olmak istiyorlar,

ama ben Peygamber Efendimizin hayatına hayranım ve sonsuz bir Mutlulugu arzu ediyorum.

s.hukr

Sabah ile Nur

Zenginliğin tadını sağlıksız, cıkaramazsın. Bu yüzden ne **bedenini** ne de **zihnini** ihmal etme.

Kendine yardım et. Bunu yapamıyorsan, Allahtan yardım iste.

s.hukr

Sabah ile Nur

Peygamberimiz yemek yapar, temizler ve çöpleri atardı.

O eşlerine köle gibi davranmazdı.

O eşlerine partner olarak davranırdı.

Hz.Muhammed (s.a.v.) gibi ol.

s.hukr

Sabah ile Nur

'Kız Arkadaşı' ,Erkek Arkadaşı ' ile olan ilişkiler

veya bu alemden olmayan

evlilikler, islamda yasak.

Biz **bağlılık/teslimiyet** ve **namusa** inanırız.

s.hukr

Sabah ile Nur

Duanızın daha cevaplanmamasının, belkide sizin iyiliğiniz için olduğunu hiç düşündünüzmü?

Istediğiniz herşeyi vermediği için, belki bir gün Allaha şükür edersiniz.

s.hukr

Sabah ile Nur

Örtü bedeniniz için.

Edep ruhunuz için.

s.hukr

Sabah ile Nur

İslamda,

Örtünmek farz.

Namaz farz.

Zekat farz.

s.hukr

Sabah ile Nur

Kendi nefsimden daha zor birşeyle
ugraşmadım,

bazen bana karşı gelir ve bazen
de bana yardım eder.

s.hukr

Sabah ile Nur

Bir gerçek Müslüman ne gıybet eder, ne doğru olmayan bir söylentiye kanar ne de başkası hakkında kötü düşünür.

Aksine, iyi düşünür başkaları için, herkese saygılı olur,ve ne renk, ne ırk, ne cinsiyet ve ne de dini olarak ayırır.

s.hukr

Sabah ile Nur

Arzularını kontrol etmeyi öğren,

Arzularının seni kontrol etmesine izin verme.

Ruhunun **sahibi** sen ol,

kölesi değil.

s.hukr

Sabah ile Nur

Herkese senin kisiliğini görme hakkını verme.

Bırak seni sıkıcı zannetsinler.

Kimin umrunda?

s.hukr

Sabah ile Nur

Tüm erkek kardeşlerime, sakallarıyla uğraşan, umudunu kaybetme bro.

Teyzelerde oluyorsa, sende de olur.

s.hukr

Sabah ile Nur

Bir erkek kardeşinin sevgisi seni hep korur.

Bir kız kardeşin sevgisi seni hep bulur.

s.hukr

Sabah ile Nur

Yüzün bi ayrı nurlanıyor **sabah namazına** kalkınca.

s.hukr

Sabah ile Nur

Özledim seni ey Ramazan.

s.hukr

Sabah ile Nur

Başkası yanlış yaptı diye, sende yanlış yap demek değildir.

s.hukr

Sabah ile Nur

Hayat acı bir çay gibidir.

İman, **namaz** ve **sabır** küp şekerler gibidir.

Kaşık senin elinde.

Tatlılığı sen kontrol edersin.

s.hukr

Sabah ile Nur

Müslüman olmak bir sınıflandırma değildir,

O bir sorumluluktur.

İslam tek bir din değildir,

Bir **yasam tarzıdır**.

Ku'ran-ı Kerim sadece bir kitap değildir,

Allahtan insanoğluna olan bir mesajdır.

s.hukr

Sabah ile Nur

Seni Allaha yakınlaştıran hüzün, seni ondan uzaklaştıran mutluluktan çok daha iyidir.

s.hukr

Sabah ile Nur

Allahın örtdüğü günahları, sen kimsin de açığa çıkarıyorsun?

s.hukr

Sabah ile Nur

Ben batı da doğdum, ama **Ezan** beni doğuya aşık etti.

s.hukr

Sabah ile Nur

Başkasından sana çicek getirmesini bekleme.

Kendi bahçeni ve ruhunu süsle.

s.hukr

Sabah ile Nur

Beni sevmeden önce, Allahı sevmeyi öğren.

s.hukr

Sabah ile Nur

O var.

O hırslı ama mütevazi.

O okumuş ve açık görüşlü.

O gıybet ve dedikodu etmez.

O erkekler ile dışarı çıkmaz.

O erkeklere küfür etmez,

O gösterişsiz ve saf.

O bir **kraliçe**.

Evet, o var.

s.hukr

Sabah ile Nur

Allah var olduğu sürece, yalnız olmazsın.

Melekler sana her daim eşlik eder.

s.hukr

Sabah ile Nur

Peygamber Efendimiz sade bir hayat sürerdi. Fakir değildi, onun kalbi bizim aramızdaki en zengini idi.

s.hukr

Sabah ile Nur

Cennete gireceğin kadar kenini sev. Ama dikkat, çok fazla sevgi seni bencil etmesin.

s.hukr

Sabah ile Nur

Kontrol edemediğin şeyler hakkında kafanı yorma.

Dua et ve geri kalanı Allaha bırak.

„Deveni bağla ve onun planına teslim ol"

s.hukr

Sabah ile Nur

İnsanoglundaki ilk ilişki bir evlilik idi, Kadın ve Erkek arasında, bu Allahtan yazılmış.

s.hukr

Sabah ile Nur

İslam dinini Ailenin üstünde zorlama.

Onlara hal ve hareketlerinle islamın güzelliklerini göster.

s.hukr

Sabah ile Nur

Bazılarımız geç saatlere kadar şeytanı eglendiriyor, kimimiz geç saatlere kadar Allah ile sohhbet ediyor.

Sen hangisini yapıyorsun?

s.hukr

Sabah ile Nur

Kendine şunu hatırlat, Allah herkesi senden uzaklaştırdıysa, bunu senin ona daha yakın olman için yapar.

s.hukr

Sabah ile Nur

Benim güvenli yerim **sabah namazıdır**.

Tüm dünya uyurken, tek sen ve ben ayaktayız.

s.hukr

Sabah ile Nur

Allaha yaklaşan bir kul daha doğru olmaya calışır, daha bilgili ve huzurlu olur. Onlar sakin, kibar ve rahatdırlar.

İnsanlar onlara "Ruhları yaşlı " derler.Ve bu da doğru olur, cünkü ruhları özüne dönerler.

O ruh başka bir alemde, uzun zaman önce Allahın karşısında durmus ve **„Evet, ben inanıyorum"** demiş.

s.hukr

Sabah ile Nur

Söyle bana!

Kendini nasıl yalnız hissedersin, şah damarından daha yakın olan Allah varken?

s.hukr

Sabah ile Nur

Aşk vardır.
Sevgili de.

Ama bazılarımız nasipsizdir ve ruh eşleriyle beraber değildirler.

Hayat boyunca sevilmek, para ile satın alınamıyacak bir lükstür.

s.hukr

Sabah ile Nur

Herşeyin bir zamanı vardır. Ne gül zamanı gelmeden açar, ne güneş zamanı gelmeden doğar.

Sabret, senin olan seni bulacaktır.

s.hukr

Sabah ile Nur

İltifat etmekden çekinmeyin!

Birisinin gününü güzelleştirebilirsin,

aynı zamanda sana sevap yazılır.

s.hukr

Sabah ile Nur

Her adam bir erkektir,

Ama her erkek adam değildir.

Çoğu daha adamlığa ulaşmamış çocuktur.

Gerçek erkek ölümden korkmaz,

Onlar şavascıdırlar ve her zorluğun üstesinden gelirler.

Onlar sinir ve öfkeye yenilmezler.

Onlar liderruhludurlar ve bilgilidirler.

Onların dili bal gibidir,bir şehiri eritip geçer ve kalpleri altından bir dağı taşıyacak kadar güçlü.

Onlar dürüst adamlardır, bu dünya için yaşamayan fakat ahiretini inşa eden.

s.hukr

Sabah ile Nur

Sakin ve nazik kişilikleri severim.

Gösterişsiz olan, kendi olan.

Allaha yakın olan. İmrenmeyen, kıskanmayan.

Sen sen ol ve kendine bak, ben ben olayım ve kendime bakayım, ama her daim birbirimize iyi olalım.

s.hukr

Sabah ile Nur

Bir kadının kalbini kazanmak çok kolaydır, dilin bal gibi şekerli ise, miskten daha güzel kokulu ve kalbindeki ateşi yakabilecek kadar sıcak ise.

Ama dikkat et, ateşi **asla** sönmesin.

s.hukr

Sabah ile Nur

Bilmem bunu kim duyması gerekiyor, ama günde beş defa namazı kılmak seni imanlı yapmıyor, seni tek müslüman yapıyor.

s.hukr

Sabah ile Nur

İnsanlar vardır, zenginlerdir ama iyi bir gece uykusunu alamıyan,
Gerçek sevgiyi veya mutlulugu satın alamıyan.

İnsanlar vardır, çok güzellerdir ama güvensizlikleri onlari kapılar arkasında yiyiorlardır.

Insanlar vardır, dünyevi başarıları elde etmişlerdir, fakat çocuklarına, eşlerine veya anne babalarına zamanları yoktur.

Elinde olan herşey icin **Elhamdülillah** de ve şükret, isyan etme.

Ama dindar ve hak yolunda dinimize dogru yürüyorsan, o zaman Dünya ve Ahirette başarıya ulaşırsın.

s.hukr

Sabah ile Nur

Sevdiğin hersey helal olsaydı,
o zaman dünya nasıl bir imtihan yeri olurdu?

s.hukr

Sabah ile Nur

Başkalarına yardım et, kendine de yardım etmiş oluyorsun aldığın sevaplar ile.

s.hukr

Sabah ile Nur

Hava atmayı bırak ve başkalarıyla kendini kıyaslama.

Hayattaki küçük şeyler icin şükretmeyi bil,

yemek için, başının üstünde olan çatı için,

saglığın için. Şükret ve Allaha teşekkür et.

Çünkü o istese, herşeyini bi saniyede alabilir senden.

s.hukr

Sabah ile Nur

İslam bize başkaların hakkında iyi düşünmeyi emrediyor, o zaman niye başkaları için en kötüsünü düşünüyoruz?

s.hukr

Sabah ile Nur

Allah kadınları erkeklerden daha güzel yarattı.

Bu yüzden kadın kendini saklamalı ve erkekler **bakmamalı.**

s.hukr

Sabah ile Nur

Oku!

Kendini geliştirmek ve okumak bir Müslüman için zorunludur.

s.hukr

Sabah ile Nur

Nargile içmeyi bırak ve dumanı kameraya üflemeyi bırak.

Başkalarına akciğer kanseri olucağını demen çekici değil.

s.hukr

Sabah ile Nur

Sabah namazını kılan ve ondan sonra yürüşe veya koşuya çıkan bir insan hayatını düzene sokmuştur.

s.hukr

Sabah ile Nur

Boşanmış olan bir kadın ile evlenmekte hiç bir sakınca yoktur.

Erkekten daha yaşlı olan bir kadın ile evlenmekte bir sakınca yoktur.

Peygamber Efendimizin (s.a.v) in sünnetidir bunlar.

s.hukr

Sabah ile Nur

Gözler ne kadar güzel, görmemizi sağlıyor. Şükretmiyoruz, bu kadar güzel ve değişik renkleri gördüğümüze.

Zıtlık, Vurgular, Işık, Gölge, Isı, Derinlik ve detaylar. Hepsi ince detayına ve kalitesine kadar hesaplanmış,

SubhanAllah.

Bunlar çok özel ve Allahın nimetlerindendir. Onları iyi şeyleri görmeye kullanın, çünkü gözlerin kalp ve ruhumuz ile direkt bir ilişkisi vardır, bunu suistimal etmeyin.

Bakışımızı alcaltdığımıza dair nedenleri var.

Bunun arkasında bir bilgelik vardır.

s.hukr

Sabah ile Nur

Ölümü hatırladın mı bugün?

Elhamdülillah dedin mi bugün?

Allahı andın mı bugün?

s.hukr

Sabah ile Nur

Her ırk kendince güzeldir,

siyahı, beyazı, ne renk tonu olursa olsun,
Allaha göre hepimiz aynıyız,

dürüst olan hariç.

Onlar Allaha daha yakın ve daha sevilen insanlardandır.

s.hukr

Sabah ile Nur

Mütevazi olan insanlar ile kalbim hep anlaşır.

s.hukr

Sabah ile Nur

Bazılarımız yüksekten korkarız ve bazılarımız dipten.

Tek Allahtan korkmayı öğren ve gör bak seni dağların üstünden nasıl yükseltir.

s.hukr

Sabah ile Nur

Hiç kimse mükemmel değildir.

Hiç kimse mükemmel olmuyacaktır.

Ama bu seni mükemmelige doğru gitmekten durdurmasın.

Cennete doğru.

s.hukr

Sabah ile Nur

Anne.

Allah onların ayakların altına Cenneti koymuş, düşünsene onların kalbindeki sevgiyi.

s.hukr

Sabah ile Nur

Namaz tüm dertlerinin dermanı ve **Dua** senin ve Allahın arasındaki aracı.

s.hukr

Sabah ile Nur

Sen bir saklı mücevhersin. Altın incir ve miskden daha pahalı, kalbimi sana vermek isterdim ama zaten onu benden çaldın.

s.hukr

Sabah ile Nur

Seni bilmem ama bana göre Allah için örtünen kız ve Allah için sakal bırakan erkek, çok çekici oluyorlar.

Allah yüzlerini **nurlandırıyor.**

s.hukr

Sabah ile Nur

Cami bir ülkenin başkenti,
Müslüman halkının kalbi gibidir.

s.hukr

Sabah ile Nur

Annem, bana imanını sevgisiyle gösteren ve ahlakıyla bana davranmayı öğreten.

Sana sonsuz borçluyum.

s.hukr

Sabah ile Nur

Hersey geçici.

Nereye gidiyorsun o zaman?

s.hukr

Sabah ile Nur

İslam bir kızın evden çıkmamamsını yasaklamıyor.

Ama güvenilir biriyle (mahremiyle) gitmesini istiyor, çünkü çok değerlidirler.

s.hukr

Sabah ile Nur

İnsanlara çok iyi ve saygılı davranın ki, sizsiz bir Cennet düşünemesinler.

s.hukr

Sabah ile Nur

Bir Türk Aşk Hikayesi

Kız: Kahveni nasıl seversin?

Erkek: Tuzlu.

s.hukr

Sabah ile Nur

Biz küçükken anne babalarımız bizimle sabırlıydılar.

Şimdi sıra bizde, onlara sabırlı olmakta.

s.hukr

Sabah ile Nur

Onu güldüremiyorsan,

Onu nasıl **mutlu** edebileceksin?

s.hukr

Sabah ile Nur

Kendini sevmen egoist olman için bir mazeret degildir.

Kendi isteklerin ve çevren önemli olabilir ama bu demek değildir ki başkalarının istek ve hakları önemli değildir.

Egoist olma, kendin için neyi istiyorsan,

kardeşin için de onu iste.

s.hukr

Sabah ile Nur

Senin kaderin onun sevgi mürekkebi ile
yazılmış ve onun merhametiyle mühürlenmiş.

Sen tam onun istediği yerdesin.

Korkma, Allaha güven, tewekkül et
ve planına güven.

s.hukr

Sabah ile Nur

Hayatımdaki en güzel anılarım
sosyal medya ya girmiyor.

s.hukr

Sabah ile Nur

Sen güçlü bir adamsın, kanın öfke anında kaynadığında, sen sessiz ve kontrol altında kalıyorsun.

s.hukr

Sabah ile Nur

Evliliğin düşüncesi çok güzel birşey, hayatının sonuna kadar bir kişiyle geçiriyorsun, bu kişiye güvenebiliyorsun, herzaman senin yanında, kötü günde iyi günde. Ve defalarca aşık oluyorsun.

En iyi arkadaşın, hayır, senin dininin yarısını tamamlayan ruh eşin, bu dünyada ve ahirette sana mutluluk ve bereket getiren kişi.

s.hukr

Sabah ile Nur

Mutlu olan birisini görünce, bana söz verin onu kıskanmayın, onlar icin sevinin.

Sadece Allah bilir o kişinin ondan önce ağladığını.

s.hukr

Sabah ile Nur

Asla bir kişinin fikirleri yüzünden, siz huzurunuzdan olmayın,

kendi ailenizden olsalar bile.

s.hukr

Sabah ile Nur

Bir kahverengi aşk hikayesi

Kız: Bıyığını beğendim.

Erkek: Bende seninkini.

s.hukr

Sabah ile Nur

Bu Ümmet gerçekten bir olsaydı,

7 büyük kıtaları fethetmiş olurduk.

s.hukr

Sabah ile Nur

İstediğini alıp ve istemediğini bırakıp seçebileceğin bir din değildir Islam.

İslam tam pakettir.

Hepsini öğrenip elinden geldiği kadar da uygulaman gereken bir dindir

s.hukr

Sabah ile Nur

Cennette bu dünyada yürümüş olan herkes için bir yer var,

fakat bazıları boş kalıcak çünkü onlar ahireti seçmediler.

s.hukr

Sabah ile Nur

Sen şeytanın müziğini dinlerken,

Ben Allahın kitabına aşık oluyorum.

s.hukr

Sabah ile Nur

Kendini durdur, olumsuz ve negatif düşüncelerden, herşeyi çok fazla düşünme, geçmişin hakkında düşünmeyi bırak.

Şimdiki zamana odaklan.

Kendini, Cennete girebilecek kadar sev.

s.hukr

Sabah ile Nur

Allah bize dolaylı olarak diyorki:

Çok düşünmeyi bırak, kıyaslamayı bırak,

kendini fazla stres etme.

Bana güven,

Bana olan güvenin nerede?

Ben seni bildiğinden ve düşündüğünden daha fazla seviyorum, seni hayal kırıklığına uğratmam.

Bunu bilmen yeter.

s.hukr

Sabah ile Nur

Kendine o kadar yatırım yap ki, zamanını, sevgini kendine harca ki, insanlar seninle tanışmayı istesin. Sen onlara ilham ver yanlarında olurken.

Onlar senin o gözlerindeki güzelliği o kadar seviyorlarki, çünkü ruhunu görebiliyorlar.

s.hukr

Sabah ile Nur

Sen eğer Allahın sevdiğini seversen,

o zaman Allah sana senin sevdiğini nasıl nasip etmesin?

s.hukr

Sabah ile Nur

Kendinle dürüst ol, çünkü Allah seni herzaman görüyor.

s.hukr

Sabah ile Nur

Yarın yeni birisiyle tanışabilirsin, bu kişinin niyeti senin için iyi olabilir, fakat birisi vardır, yıllardır tanırsın, ama niyeti bozuktur,

Zamanın hiç bir önemi yoktur, karakter ve kişiligin önemi vardır.

s.hukr

Sabah ile Nur

Burnun doğru şekilde.

Ten rengin doğru tonunda.

Dudakların, ellerin, ayaklarin doğru boyutta.

Boyun mükemmel ve doğal saç renginde.

Sesin çok güzel, hele bide güldüğünde.

Kendi dış görünüşünde begenmediğin herşey beyninden gelir.

Allah seni yarattı ve o hata yapmaz.

Bunu iyice bil.

s.hukr

Sabah ile Nur

Umarım birisi sana demişdir, altından,
safrandan ve miskten daha değerlisin.

Ve güldüğünde yüzün nur ile parlar,

gözlerin ışıl ışıl oluyor, gökyüzündeki yıldızlar
gibi ve gülüşün bana Cenneti hatırlatır.

s.hukr

Sabah ile Nur

Biraz utanç verici değilmi?

100 tane şarkının sözlerini biliyorsun ama Namazda aynı sureleri terkrarlıyorsun.

s.hukr

Sabah ile Nur

Müslümansan, fikir ve düşüncelerin Kuran-ı Kerim ve Sünnet ile uyuşmuyorsa, lütfen sus ve konuşma.

Duymak istemiyorum dediklerini.

s.hukr

Sabah ile Nur

Herzaman insanlar icin en iyisini düsünmeye calış, ne olursa olsun.

Onlara, kendine nasıl davranmasını istiyorsan, öyle davran.

s.hukr

Sabah ile Nur

Bazen tek gerekli olan şey, gözlerini kapatıp ruhuna kuran-ı kerimi dinletmek.

s.hukr

Sabah ile Nur

Kardeş, ikinci bir eşi düşünme.

Eşine odaklan ve ona o kadar iyi davran ki,
Allah sana bi tane daha nasip etsin.

s.hukr

Sabah ile Nur

Eşlerine en iyi olan erkeklere,

Allahtan yeni emanetler gelir.

Ve kim bu kadar aptal olur ve Allaha karşı gelir?

s.hukr

Sabah ile Nur

Dindar bir kadın dindar bir ümmeti yetiştirir, lanetli bir kadın talihsiz bir generasyonu yetiştirir.

Bu dünyadaki kadının önemidir.

s.hukr

Sabah ile Nur

Aptalları eğlendirme.

Ateşe yakıt ekleme.

Sakin ve sessiz kal,

ateş sonunda sönecek zaten.

s.hukr

Sabah ile Nur

Bazılarımız en iyi şeyleri bu dünyada istiyoruz,

fakat bazılarımızda en iyi şeyleri ahirette arz ediyoruz.

s.hukr

Sabah ile Nur

Selam, nasılsın?

İyisindir inşallah, sana tek birşey söylemek istedim. Çok güzelsin, ama cilt bakımın yüzünden degıl, beş vakit namaz kılmaya başladığından.

Yüzün nurlanmış, abdestden dolayı. Ruhun mutlu ve gözlerin hayat dolu bakıyor. Bir de Pazartesi ve Perşembe oruç tuttugunu fark ettim. Bedenine dikkat ediyorsun, bunu sevdim.

Sigara içmeyi bıraktın, saglıklı besleniyorsun ve kendine yatırım yapmaya başladın, görebiliyorum. Allah senden razı olsun.

Tartışmıyorsun artık,bunu sevdim.Kitap okumaya başladın degilmi? Bilgilenmek çok güzel bir özellik.Allah çogaltsın.Sevgi dolu olduğunu görebiliyorum.

Değiştiğine sevindim.

s.hukr

Sabah ile Nur

Cennette seni görmeye sabırsızlanıyorum.

İnşallah.

s.hukr

Sabah ile Nur

O onunla flirt eden birisine bakmıyor. O iyi bir karakteri olan bir erkeği istiyor, nazik ve sevgi dolu birini. Güzel ve yumuşak sözler söyleyen birini.

Kadın halkına saygılı olan bir erkek. Sadık olan, ona ilgi gösteren, zamanını ayıran ve sevgi veren biri.

Hayran kalabilecek bir erkek…komik, romantik olgun ve çalışkan.

Öfkesini ve arzularını kontrol edebilen bir erkek. Güvenilir biri.Cennette ve bu dünyada beraber olmak istedigi bir erkek.

O kadın zor bir kadın değil.

O sadece saf sevgi isteyen biri.

s.hukr

Sabah ile Nur

Bazen düşünüyorum ki, nasıl bazı insanlar vardır, benden daha zengin, daha üstün ve daha güzel olan, ama hala daha şikayet eden…

s.hukr

Sabah ile Nur

Bazı müslüman düğünlerinde tek helal olan şey, et oluyor.

Ve sonradan insanlar düşünüyorlar, niye bereket yok bu evlilikte?

s.hukr

Sabah ile Nur

Üzgünüm, kolaylıkla yalan söyleyen bir dile ben güvenemem.

s.hukr

Sabah ile Nur

Kafalarını yaslıyabilecek omuz sen ol.

Çaydaki eksik şeker ol.

Olmak istedikleri kişi sen ol.

Sen ver ki…. Allahta sana daha fazla versin.

s.hukr

Sabah ile Nur

İslam bize kadınlarımıza saygı ve onur ile davranmamızı ögretti. Allah bir kadının konumunu **1400 sene** önce yükseltti.

Sen kim oluyorsunda onları aşalıyor ve lekeliyorsun?

s.hukr

Sabah ile Nur

Kuran-ı Kerime göre, mezhepler yoktur. Biz bir Ümmetiz. Biz Müslümanız. Ne daha fazla, ne daha az.

s.hukr

Sabah ile Nur

Gözlerini aç, içine bak.

Memnunmusun yaşadığın hayatınla?

s.hukr

Sabah ile Nur

Aklıselim yaygın değildir ortak insanlara.

s.hukr

Sabah ile Nur

İnsanlar seni geçici olan şeyler için seviyorlar, güzelliğin gibi, mal varlığın gibi veya başarın için, fakat insanlar beni kalbim, dilim ve sözlerim için seviyor.

Hangisi daha iyi?

s.hukr

Sabah ile Nur

Gerçek bir adam bilir,

Yemek yapmasını

Temizlik yapmasını

Sevgisini göstermeyi

Bakışını alçaltmasını

Kadınlara saygı duymasını

s.hukr

Sabah ile Nur

Bazı insanlar zorlukları isterler, çünkü bilirler ki her zorlugun ardından kolaylıkta gelir.

s.hukr

Sabah ile Nur

Kırık olan kalbini teheccüde kaldır ve kalpleri onaran, Allaha anlat.

s.hukr

Sabah ile Nur

Allah seni sevmeseydi, sana Ramazanda oruç tutmayı ve gecelerini görmeyi nasip etmez idi.

Sana bunu nasip etti çünkü seni affetmek istedi.

s.hukr

Sabah ile Nur

İnsan olarak Allahın planını tam olarak anlayamayız.

Birşeyi kazanırsan, sarıl ona.

Birşeyi kaybedersen, bırak onu.

Sen herzaman, sana iyi olan şeyleri sevmiyorsun, ve sana kötü olan şeylerden nefret etmiyorsun.

Allaha güven, o bilir neyin dogru oldugunu.

s.hukr

Sabah ile Nur

Ruhuma en çok etki eden ve dokunan sözler Allahtandır.

s.hukr

Sabah ile Nur

Haram yinede **Haramdır,**

Tüm dünya yapıyor olsa bile.

s.hukr

Sabah ile Nur

Selam…

Sana birisi bugün güzel olduğunu dedimi?

Neyse, çok güzelsin, hele de bugün.

Bunu bilmelisin.

s.hukr

Sabah ile Nur

Sabretmek sabırlı olmaktan daha fazlası...

Herhangi bir duruma karşı kabullenmek ve bunun sonunda her zorluğunun ardından kolaylık geleceğini bilmektir.

s.hukr

Sabah ile Nur

Kalbinin içinde olan nefret dolu ateşi söndür ve sana kötülük yapmış olan herkesi affet.

Onlar için yapma, Allahın da sana merhamet etmesinden dolayı yap.

s.hukr

Sabah ile Nur

Allah bizim namazımıza muhtaç değildir,
Biz ama herzaman Allaha muhtacız.

s.hukr

Sabah ile Nur

İnsanlar senin sabrını test edip huzurunu kemiriyorlarsa.

Tartışma.

Kin tükürme.

Basitçe takma.

Umursamamakta bir vahşet vardır, insanların anlamadığı…

Sen huzurlu olursun bana inan.

s.hukr

Sabah ile Nur

Arkadaşsız olmak, Namazı kaçırtan arkadaşdan daha iyidir.

s.hukr

Sabah ile Nur

Çogu arkadaşı bıraktım,

Cennete daha yakın olabilmek için.

s.hukr

Sabah ile Nur

Garip, Dünyanın peşinden koşmak, ama aslında burasının Hz.Adem (a.s) a bir imtihan yeri olması.

s.hukr

Sabah ile Nur

Kötü insanlara karşı birşeyim yoktur, çünkü belki ben onların sayesinde faydalanırım veya onlar benim sayemde faydalanırlar.

Herzaman iyi ve kötü insanlar oluçaktır, ama ben yinede herşeyden önce çevremi Allaha yakınlaştıran ve beni kötülüklerden koruyan insanlar ile doldurmak istiyorum.

Çünkü bazen o „iyi" olan kişiler seni en çok üzenler oluyor.

s.hukr

Sabah ile Nur

Söyleniyor ki, Çocuğunuzla yedi yaşına kadar oynayın, yedi sene boyuncu öğretin, ve ondan sonra Arkadaşları olun.

s.hukr

Sabah ile Nur

Cennet hayalimiz ise, o zaman Dinine tutun.
Şeytana uyma.

s.hukr

Sabah ile Nur

Bir kadının gerçek güzelliği bedeni veya yüzü değildir, keşke erkekler kalpleri ile görebilseler, göz ile değil.

O zaman **imanını, gösterişsizliğini** ve **sadıklığını** görürlerdi.

s.hukr

Sabah ile Nur

Güzel olan bir kişi, herzaman başkaların güzelliklerini görür.

s.hukr

Sabah ile Nur

Sen nasıl başkalarının günahlarını açığa çıkarırsın, Allah onları örterken.

Sen kimsin?

s.hukr

Sabah ile Nur

Dindar olan erkeklerin dilleri sevgi doludurlar kraliçeleri için.

s.hukr

Sabah ile Nur

Gözlerim kör değil, ama göremiyorum, kalbim görmez ama aşkım büyük.

s.hukr

Sabah ile Nur

Modern dünyada. Huzur bir lükstür, çoğu kişinin alamadığı.

s.hukr

Sabah ile Nur

Çoğu insan herkesin gittiği yerleri geziyorlar.

Aslında hiçkimsenin gitmediği yere seyahat etmeli insan. Keşf edilmemiş olan yerleri.

Allahı aramak için, insanları değil.

s.hukr

Sabah ile Nur

Üzücü gerçek:

Bazı erkekler kadınları anlamakta zorlanıyorlar. Allahın onlar hakkında tüm bir sure indirdiği halde.**Nisa Suresi.**

s.hukr

Sabah ile Nur

Önce kendini disiplin et, sonra Çocuklarını.

s.hukr

Sabah ile Nur

O haram ilişki, o küfür eden dil,

o gıybet eden zihniyet,

o maddi sevgi, o saygısız davranış,

o arzulu bakış, o aç gözlü iştah,

o kılınmamış Namaz, o pis gurur,

bunların hepsi iman etmiş birine yakışmaz.
Namazın nerde? Oruçun?

Kuran-ı Kerimin?

Ahlakın? Onurun? İyi niyetlerin?

O çekici gösterişsizliğin? O kibar dilin?

O mütevaziliğin? O dürüst sevgin?

O minnettar olan kalbin?

O dinine olan aşkın?

O zengin gülüşün?

O hoş karakterin?

Ey Müslüman, nerdesin?

s.hukr

Sabah ile Nur

Başkasına olan aşkın asla Allaha olan sevginden daha fazla olmasın. Bazen birini çok fazla seversin, ve Allah o kişiyi senden alır ki, görebilsin kimi daha çok sevdiğini

s.hukr

Sabah ile Nur

Zamanının değerli olduğunu bil.

Akıllıca kendine harca ki, sonsuza dek Cennette olasın.

s.hukr

Sabah ile Nur

Ben tüm gençleri Kuran-ı Kerim ile zaman geçirmelerine ve anlamalarına teşvik ediyorum.

Gerçekten anlıyorsan, birtek Allahın rızası için okuyup uygularsın ve bir karşılık beklemezsin.

s.hukr

Sabah ile Nur

Genç bir kalp ama yaşlı bir ruh ile olan insanlar en çok seven insanlardır.

s.hukr

Sabah ile Nur

İşler senin cebini doldurur ama gezintiler ve maceralar senin ruhunu doyurur.

Doğru olmayan kişiler sana derler, çok fazlasın.

Doğru olan kişiler sana derler, sen bir macerasın.

s.hukr

Sabah ile Nur

Bu kitabı okuduğun için teşekkür ederim.

Umarım beğenmişsindir ve bazı sözlerden faydalanmışsındır.

Allah sana merhamet etsin ve doğru yoldan ayırmasın.

Amin.

Samimiyetle,
s.hukr

P.S Kitabı sevdiysen, lütfen başkaları ile paylaş, ve belkide sevabı sana yazılır.

P.S.S Bu kitabı beğendiysen, dığer kitaplarımı tavsiye ederim.

fajrnoor.com.au

Sabah ile Nur

S.hukr Kitapları

1. Fajr and Noor

2. Through His Eyes

3. Noor upon Noor

4. Slice of Paradise

Printed by Libri Plureos GmbH in Hamburg, Germany